KB208263

새로 나온《기탄한자》-
어린이들로부터 사랑받는 학습지가 되겠습니다.

● **《기탄한자》를 고대하신 여러분께 감사드립니다.**

그 동안 《기탄수학》, 《기탄국어》 등의 교재를 사용해 보시고 《기탄한자》가 나오기를 고대하신 여러분들께 감사드립니다.

학부모님들의 열화 같은 요청에 의하여 오랜 연구와 각고끝에 드디어 《기탄한자》가 선을 보이게 되었습니다.

그 동안 저희 연구진이 할 수 있는 최선의 노력을 기울여서 만든 작품이니만큼 결코 실망시키지 않으리라 확신하며 사랑받는 학습지로 더욱 심혈을 기울여 나가 겠습니다.

● **한자를 모르고는 공부를 잘 할 수 없습니다.**

학부모님들도 잘 아시다시피, 우리말의 약 70% 정도가 한자어로 구성되어 있으며 수학, 사회, 과학 등 각 교과서의 학습용어 대부분이 한자로 되어 있습니다. 따라서 한자를 초등 학교 저학년 때부터 미리 알면 어휘를 정확하게 이해하게 되어 언어생활을 바르게 할 수 있게 됩니다. 뿐만 아니라 다른 교과의 내용도 심도 있게 이해할 수 있는 기초 능력을 길러 주게 되어 저절로 성적이 쑥쑥 향상될 수 있습니다.

한자를 모르고는 결코 좋은 성적을 내기가 어렵습니다.

● **이제 한자 학습은 필수!《기탄한자》로 시작해 보십시오.**

21세기는 세계의 중심축이 한자 문화권에 놓이게 될 것입니다. 따라서 공통문자 또는 국제문자로서의 한자의 역할이 증대될 것입니다. 《기탄한자》는 이러한 국제 사회의 흐름에 발맞추어 한자를 쉽고 재미있게 정복할 수 있도록 9단계 교재로 엮어 놓았습니다.

적은 비용으로 최고효과를 거둘 수 있도록 기획된 《기탄한자》, 지금 곧 시작해 보 십시오.

《기탄한자》 –
개인별 · 능력별 프로그램식 학습교재입니다.

1 모두 9단계의 교재로 만들었습니다.

《기탄한자》는 A단계에서 I단계까지 총 9단계로 구성된 학습지입니다.

각 단계는 모두 4권으로 4개월 동안 학습할 수 있게 구성되어 있으며, A단계부터 I단계까지 모두 36권으로 36개월(3년) 정도가 소요됩니다.

2 1주일에 4자씩, 1달에 16자, 1년에 200여 한자를 익힐 수 있습니다.

《기탄한자》는 1주일에 4자씩 새로운 한자를 익히게 구성되어 있어서, 1달 과정이 끝나면 16자의 한자를 익힐 수 있습니다.

한 단계는 4권으로 구성되어 있어 모두 600여 한자를 학습할 수 있습니다.

※ G~I단계에는 한 주에 5자씩 수록되어 있습니다.

3 기초한자 학습부터 한자급수시험까지 상세하고 완벽하게 대비하였습니다.

《기탄한자》의 총 9단계 중 A~C단계 교재는 새로이 발표된 교육부 선정 한자를 위주로 하여 초등 학교 저학년 어린이들에게 필요한 기초 생활한자를, D~F단계 교재는 초등 학교 고학년 어린이들에게 필요한 기초 생활한자를 익힐 수 있도록 구성되어 있으며, G~I단계 교재는 한자급수시험 대비를 겸하여 꾸며져 있습니다.

4 부담없는 반복 학습으로 효과가 확실합니다.

《기탄한자》는 매주 부담없게 4~5자씩 새로운 한자를 익히며 그 동안 배운 한자를 다양한 학습 방법을 통하여 반복해서 익힐 수 있도록 재미있게 구성하였습니다.

■ 기탄한자 단계별 학습내용 ■

A~C단계	초등 학교 저학년에게 필요한 교육부 선정 한자 192자 및 부수 학습
D~F단계	초등 학교 고학년에게 필요한 교육부 선정 한자 192자 및 부수 학습
G~I단계	교육부 선정 240자 위주. 한자급수시험 대비

《기탄한자》는 치밀하게 계산된 학습 시스템으로 일반 학습 교재와는 전혀 다릅니다.

1 자신감이 생기는 학습

한자문맹 「흔들리는 교육」이란 제목 하에 우리 나라 최고 명문대에서 학생들이 한자를 제대로 알지 못해서 수업이 제대로 되지 못한 사건이 발생했다고 신문에 기사화 되어 충격을 준 적이 있습니다.

현재 대부분의 학생들은 물론 일반인들까지 부모나 형제 자매의 이름을 제대로 쓰는 사람이 드물다는 것이 전문가들의 대체적인 시각입니다.

《기탄한자》로 지금 시작해 보십시오.

초등 학교 때부터 하루 10분 정도만 학습하면 한자가 익숙해져 자연스럽게 한자문맹에서 해방됩니다. 초등 학교 때부터 자연스럽게 신문이나 잡지도 볼 수 있게 되어 자신감이 생기고 따라서 성적도 쑥쑥 올라가게 됩니다.

《기탄한자》, 자녀에게 자신감을 키워줍니다.

2 올바른 학습 습관이 생기는 학습

《기탄한자》는 어린이들에게 한자학습이 재미있고 흥미로운 것이라는 인식을 심어 줄 수 있도록 다양한 형식과 체제로 구성하였습니다. 따라서 가정에서는 어린이의 생활습관을 규칙적으로 꾸며 가도록 지도해 주시는 것이 중요합니다.

《기탄한자》로 매일 일정한 시간에 일정량을 꾸준히 공부하다 보면 생활 리듬이 일정해져 공부시간도 틀에 잡히고 효과적인 학습도 가능해져 '몸에 맞는' 올바른 학습습관이 생기게 됩니다.

3 집중력이 생기는 학습

공부는 많이 하는데 성적이 오르지 않는 어린이는 집중력이 약하기 때문입니다.

《기탄한자》는 매일 2~3장을 10분안에 학습하는 훈련을 반복함으로써 자연스럽게 집중력이 최고로 강화될 수 있도록 하였습니다.

《기탄한자》는 매일 10분 학습으로 집중력을 길러주는 학습 시스템입니다.

4 창의력이 생기는 완전학습

창의력이란 아무것도 없는 데서 새로운 것을 찾는 능력이 아니라 이미 알고 있는 것에서 조금 다른 것을 찾는 능력이라고 합니다.

이러한 창의력은 어떻게 생길까요? 바로 다양한 체험을 통해서 가능해집니다.

《기탄한자》는 다양한 학습체험을 통해 읽고, 쓰고, 깨달음으로써 자연스럽게 창의력을 키워주어 완전학습으로 나가게 해줍니다.

교재 학습 방법

1 교재 선택

처음 한자 학습을 시작하는 어린이는 교재의 첫부분 A단계부터 시작해 주십시오.

그 동안 한자 학습을 진행한 어린이는 자신의 능력과 수준에 맞추어 교재를 선택하되 학습자의 능력보다 약간 낮은 단계부터 시작하는 것이 효과적입니다. 학습자의 능력보다 수준이 높은 교재를 선택하면 공부에 흥미를 잃어 중도에서 포기하기 쉽습니다.

2 교재 활용

교재는 한 권이 4주분으로 한 달간 학습할 수 있도록 편집되어 있습니다. 교재를 구입하시면 주저하지 마시고 먼저 1주일 분량씩 분리해서 매주 1권씩 어린이에게 주십시오. 한꺼번에 교재를 주면 어린이가 부담스러워 학습을 미루거나 포기하기 쉽습니다(교재가 잘 나누어지도록 제작되어 있음).

3 교재 학습

매주 새로운 한자를 4~5자씩 배울 수 있게 계획되어 있습니다. 매일 일정한 시간을 정해놓고 하루에 2~3장씩 10분 정도 학습할 수 있게 지도해 주십시오. 매일 배운 한자를 여러 형태로 음과 뜻, 짜임, 활용 등을 활용 반복해서 학습할 수 있게 되어 있으므로 밀리지 않고 차근차근 따라하면 기초 한자를 쉽게 정복할 수 있습니다. 어린이의 학습의욕과 성취도에 따라 학습량을 조절해 주시되 무리하게 학습을 시키지 않도록 유의해 주시고 스스로 공부하는 바른 습관이 붙도록 해 주십시오.

4 자녀의 학습 관리

어머니는 이 세상의 그 어느 선생님보다도 더 훌륭한 최상의 선생님으로 어머니의 사랑으로 자녀를 가르칠 때 그 효과가 가장 높다는 것이 교육학자들의 일반적인 견해입니다. 자녀들이 학습한 내용들을 일 주일에 한 번씩 날짜를 정해놓고 5~10분간만 투자해서 확인해 주시고 관심을 보여 주십시오. 그리고 칭찬해 주십시오. 칭찬을 잘 하는 어머니가 공부를 잘 가르치는 최고의 선생님이란 것을 잊지 마십시오. 어머니의 관심도에 비례해서 자녀의 한자실력이 쑥쑥 자라난다는 것도 잊지 마세요.

® 기탄: 본사의 등록상표로 기초탄탄의 약자입니다.

학습을 시작하기 전에 꼭 읽어 주세요

> 다음에 소개되는 내용을 꼭 외울 필요는 없습니다.
> 금방 이해가 가지 않는 내용도 있을 것입니다.
> 그러나 교재를 풀다 보면, '아하! 그 말이었구나.'하고
> 느끼면서 저절로 알게 될 내용들입니다.
> 그러나 중요한 것이라서 자주 보고 읽어 두어야 합니다.
> 그래야만 한자를 쉽게 익힐 수 있으니까요.

1. 한자의 3요소

한자는 3가지 중요한 것으로 구성되어 있습니다. 한자 공부를 잘 하려면 이 3가지를 항상 같이 익혀야 합니다.

(1)한자의 뜻(훈) (2)한자의 소리(음) (3)한자의 모양(형)

山 한자의 모양(형)	한자의 뜻(훈)	메(산의 옛말)
	한자의 소리(음)	산

2. 한자는 이렇게 만들어졌다.

모든 한자는 크게는 3가지, 작게는 6가지 원칙으로 만들어진 글자입니다.

(1) 기본 한자

1)눈에 보이는 사물을 본떠서 만들었습니다.

날 일(日) 등이 그러합니다.

2)눈에는 보이지 않지만, 뜻을 부호로 표시했습니다.

한 일(一), 위 상(上) 등이 그러합니다.

(2) 합쳐서 만든 한자

    1)이미 만들어진 사물 모양의 한자들을 합쳐서 만들었습니다.
      동녘 동(東), 수풀 림(林) 등이 그러합니다.

    2)사물 모양의 한자와 부호 한자를 합쳐서 만들었습니다.
      한자의 음(소리)은 합쳐진 한자 중 하나와 같습니다.
      물을 문(問), 공 공(功) 등이 그러합니다.

(3) 운용 한자

    1)어떤 한자에 다른 뜻과 다른 소리를 내도록 만든 한자로서
      원래 한자의 뜻과 관계가 있습니다.

      예 惡이란 한자는 원래 '악할 악'자입니다. 그러나 악한 사람들
           을 모두가 미워한다는 뜻으로 '미워할 오'자로도 씁니다.

    2)외국어로 표기할 때 원래의 뜻과는 아무 상관 없이 비슷한 한자로
      표시합니다.

      예 미국을 한자로 美國이라고 쓴 이유는 美國이 중국말로 '음메
           이꿔'라는 소리가 나기 때문입니다. 즉 '아메리카'라는 발음
           이 가장 가까운 것이 美國이란 한자입니다.

3. 획이란 무엇인가요?

펜을 떼지 않고 한 번에 쓸 수 있는 점이나 선을 획이라고 합니다. 한자
의 획수란 그 한자의 총 획이 몇 번인가를 말합니다.
획수는 한자 사전에서 모르는 한자를 찾을 때 다음에 소개할 부수(部首)
만큼 중요한 것입니다.

예 메 산 山의 획수

총 3획

4. 부수(部首)를 알면 한자가 보인다.

(1) 부수(部首)란 무엇인가?

앞으로 이 책에는 부수(部首)란 말이 매우 많이 나옵니다. 그만큼 한자에서는 부수(部首)가 중요하다는 뜻이겠지요? 그렇다면 부수(部首)란 도대체 무엇일까요?

부수(部首)란 합쳐서 만들어진 한자 중에서 서로 공통되는 부분을 말합니다.

예를 들어, 큰산 악(岳), 언덕 안(岸), 봉우리 봉(峰), 고개 현(峴) 등에는 공통적으로 메 산(山)이 들어 있지요? 그리고 예를 든 모든 한자가 산(山)과 관계가 있음을 알 수 있습니다.

(2) 부수(部首)의 종류

부수(部首)는 놓이는 위치에 따라서 그 이름이 달라집니다.

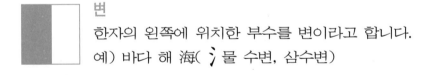

변
한자의 왼쪽에 위치한 부수를 변이라고 합니다.
예) 바다 해 海 (氵물 수변, 삼수변)

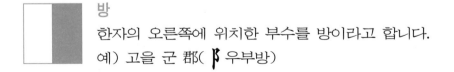

방
한자의 오른쪽에 위치한 부수를 방이라고 합니다.
예) 고을 군 郡 (阝우부방)

머리

한자의 위쪽에 위치한 부수를 머리라고 합니다.
예) 편안할 안 安(宀 갓머리, 집 면)

엄

한자의 위에서 왼쪽 아래로 걸쳐진 부수를 엄이라고 합니다.
예) 사람 자 者(耂 늙을 로엄)

발

한자의 밑에 위치한 부수를 발이라고 합니다.
예)충성할 충 忠(心 마음 심발)

받침

한자의 왼쪽에서 아래로 걸친 부수를 받침이라고 합니다.
예) 멀 원 遠(辶 책받침)

에울몸

한자의 전체를 에워싸고 있는 부수를 에울몸이라고 합니다.
예) 넉 사 四(囗 에울 위, 큰입 구몸)

제부수

그 한자의 자체가 부수인 것을 제부수라고 합니다.
예) 높을 고 高(高 높을 고부수)

개인별 · 능력별 학습 프로그램

B 단계 교재 B121a-B135b

이번 주에 배울 한자

上	中	下	位
위 상	가운데 중	아래 하	자리 위

금주평가	읽 기	쓰 기	이번 주는?
	Ⓐ 아주 잘함	Ⓐ 아주 잘함	·학습방법 ① 매일매일 ② 가끔 ③ 한꺼번에 - 하였습니다.
	Ⓑ 잘함	Ⓑ 잘함	·학습태도 ① 스스로 잘 ② 시켜서 억지로 - 하였습니다.
	Ⓒ 보통	Ⓒ 보통	·학습흥미 ① 재미있게 ② 실증내며 - 하였습니다.
	Ⓓ 부족함	Ⓓ 부족함	·교재내용 ① 적합하다고 ② 어렵다고 ③ 쉽다고 - 하였습니다.

♣ 지도 교사가 부모님께

♣ 부모님이 지도 교사께

종합평가	Ⓐ 아주 잘함	Ⓑ 잘함	Ⓒ 보통	Ⓓ 부족함

원교   반 이름   전화

기초 탄탄한 교육 · 기초 탄탄한 학습
기탄교육
www.gitan.co.kr/ (02)586-1007(대)

한선봉 기탄한자

😊 지난 주에 배운 한자를 다시 한 번 써 보세요.

고기 어	고기 어	고기 어	고기 어	고기 어
魚	魚	魚	魚	魚

늙을 로	늙을 로	늙을 로	늙을 로	늙을 로
老	老	老	老	老

고을 읍	고을 읍	고을 읍	고을 읍	고을 읍
邑	邑	邑	邑	邑

가죽 혁	가죽 혁	가죽 혁	가죽 혁	가죽 혁
革	革	革	革	革

😊 이번 주에 배울 한자를 큰소리로 읽어 보세요.

位 자리 위

上 위 상

中 가운데 중

下 아래 하

 위 상(上)에 대해 알아봅시다.

上
위 상

상이라고 읽습니다.
위라는 뜻입니다.

한 일

일정한 위치를 나타내는 ━ 위에 ▬을 찍어 '위'를 나타낸 한자입니다.

●빈 칸에 알맞은 글을 쓰세요.

上은 ☐ 이라고 읽습니다.

☐ 라는 뜻입니다.

😊 필순에 따라 上을 바르게 쓰세요.

종 3획

| ① ② ③ 上 | 上 | 上 | 上 | 上 |

● 뜻과 음을 소리내어 읽으면서 上을 쓰세요.

위 상	위 상	위 상	위 상	위 상
上	上	上	上	上

위 상	위 상	위 상	위 상	위 상
上	上	上	上	上

● 빈 칸에 알맞은 한자와 뜻, 음을 쓰세요.

上		
한자	뜻	음

	위	상
한자	뜻	음

글을 읽고, **上**이 나오는 낱말을 알아봅시다.

> 현숙이네 과수원에 풍년이 들었어요.
> 사과는 모두 上品(상품)이었어요.
> "이 과수원의 사과는 地上(지상)에서
> 가장 좋을 거야."
> 이웃 사람들의 칭찬에 현숙이의 기분은
> 마구 마구 上昇(상승)했어요.

- 地上(지상): 땅 위 ● 上品(상품): 좋은 상품
- 上昇(상승): 위로 올라감

빈 칸에 알맞은 한자를 쓰세요.

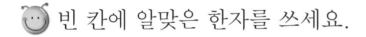

지	상	상	품	상	승
地	上	上	品	上	昇
地			品		昇

😊 흐린 글자를 따라 쓰면서 **上**을 익히세요.

上은 상이라고 읽고, 위 라는 뜻입니다.

上은 일정한 위치를 나타내는 ─ 위에 ● 을 찍어

위 를 나타낸 한자입니다.

上의 획수는 총 3 획입니다.

😊 뜻과 음을 크게 읽으면서, 上을 쓰세요.

上	上	上	上	上	上
上	上	上	上	上	上

😊 上은 한 일(一)부수의 한자입니다.

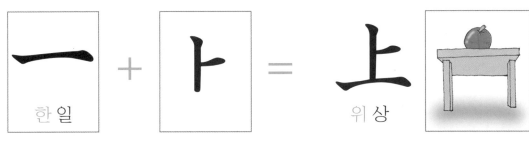

가로선 위에 점을 찍어 만들었습니다.

😊 한자의 음을 쓰고, 맞는 것끼리 연결하세요.

上昇 (　　) ·　　　　· 좋은 상품

地上 (　　) ·　　　　· 위로 올라감

上品 (　　) ·　　　　· 땅 위

😊 上이 들어간 낱말을 찾아 ○표 하세요.

上昇　　革命　　地上　　革新

😊 아래 하(下)에 대해 알아봅시다.

下

아래 하

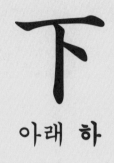 라고 읽습니다.

아래 라는 뜻입니다.

한 일

일정한 위치를 나타내는 ― 밑에 ➥을 찍어 '아래'를 나타낸 한자입니다.

●빈 칸에 알맞은 글을 쓰세요.

下는 ☐ 라고 읽습니다.

☐ ☐ 라는 뜻입니다.

😊 필순에 따라 下를 바르게 쓰세요.

下	下	下	下	下

● 뜻과 음을 소리내어 읽으면서 下를 쓰세요.

아래 하	아래 하	아래 하	아래 하	아래 하
下	下	下	下	下

아래 하	아래 하	아래 하	아래 하	아래 하
下	下	下	下	下

● 빈 칸에 알맞은 한자와 뜻, 음을 쓰세요.

下				아래	하
한자	뜻	음	한자	뜻	음

😊 글을 읽고, **下** 가 나오는 낱말을 알아봅시다.

우리 가족은 설악산에 올라갔습니다.
대청봉까지 갔다가,
저녁에 下山(하산)했습니다.
숙소에서 저녁을 먹고,
地下(지하)에 있는 수퍼마켓에 갔습니다.
선물을 사려고 보니 下品(하품)밖에 없어서
크게 실망했습니다.

● 地下(지하):땅 밑 ● 下品(하품):질 낮은 물건
● 下山(하산):산에서 내려감

😊 빈 칸에 알맞은 한자를 쓰세요.

지	하
地	下
地	

하	품
下	品
	品

하	산
下	山
	山

B125b

😊 흐린 글자를 따라 쓰면서 下 를 익히세요.

下 는 하 라고 읽고, 아래 라는 뜻입니다.

下 는 일정한 위치를 나타내는 ━ 밑에 ┙을 찍어

아래 를 나타낸 한자입니다.

下 의 획수는 총 3 획입니다.

😊 뜻과 음을 크게 읽으면서, 下를 쓰세요.

下	下	下	下	下
下	下	下	下	下

下는 한 일(一)부수의 한자입니다.

一 한 일 + 卜 = 下 아래 하

가로선 아래에 점을 찍어 만들었습니다.

한자의 음을 쓰고, 맞는 것끼리 연결하세요.

下山 (   ) •   • 땅 밑

地下 (   ) •   • 질이 낮은 물건

下品 (   ) •   • 산을 내려감

下가 들어간 낱말을 찾아 ○표 하세요.

上昇   地下   地上   下山

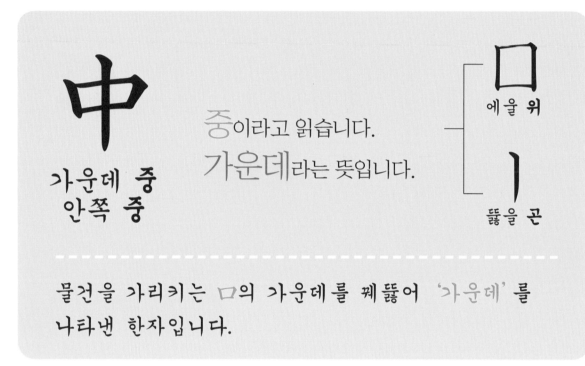

😊 가운데 중(中)에 대해 알아봅시다.

中

가운데 중
안쪽 중

중이라고 읽습니다.
가운데라는 뜻입니다.

口 에울 위

丨 뚫을 곤

물건을 가리키는 口의 가운데를 꿰뚫어 '가운데'를
나타낸 한자입니다.

●빈 칸에 알맞은 글을 쓰세요.

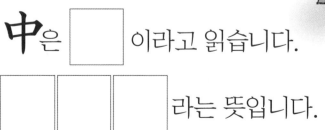

中은 [ ]이라고 읽습니다.

[ ][ ][ ] 라는 뜻입니다.

😊 필순에 따라 中을 바르게 쓰세요.

총 4획

中	中	中	中	中

●뜻과 음을 소리내어 읽으면서 中을 쓰세요.

가운데 중	가운데 중	가운데 중	가운데 중	가운데 중
中	中	中	中	中

가운데 중	가운데 중	가운데 중	가운데 중	가운데 중
中	中	中	中	中

●빈 칸에 알맞은 한자와 뜻, 음을 쓰세요.

中			가운데	중
한자	뜻	음	한자	뜻	음

글을 읽고, 中이 나오는 낱말을 알아봅시다.

과녁 맞추기 게임을 했습니다.
핀을 던져서 과녁 中心(중심)에 맞추는 놀이였습니다.
앞에 선 친구들이 너무 잘하니까
괜히 떨렸습니다.
내 순서는 中間(중간)이었습니다.
그러나 마음을 가다듬고 핀을 던져서
과녁에 바로 命中(명중)시켰습니다.

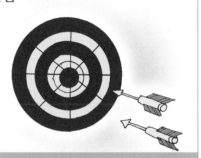

● 中心(중심):한가운데 ● 中間(중간):여럿 가운데 사이
● 命中(명중):겨냥한 곳을 바로 쏘아 맞춤

빈 칸에 알맞은 한자를 쓰세요.

중	심	중	간	명	중
中	心	中	間	命	中
	心		間	命	

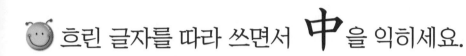

😊 흐린 글자를 따라 쓰면서 **中**을 익히세요.

中은 중이라고 읽고, 가운데라는 뜻입니다.

中은 물건을 가리키는 口의 가운데를 꿰뚫어

가운데를 나타낸 한자입니다.

中의 획수는 총 4획입니다.

😊 뜻과 음을 크게 읽으면서, 中을 쓰세요.

中	中	中	中	中	中
中	中	中	中	中	中

😊 中은 뚫을 곤(丨) 부수의 한자입니다.

丨 + 口 = 中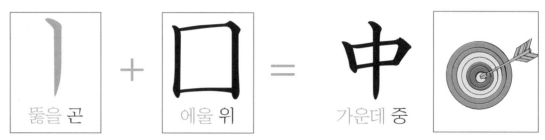

뚫을 곤   에울 위   가운데 중

에워싼 것을 가운데로 뚫어 가운데를 표시한 한자입니다.

😊 한자의 음을 쓰고, 알맞은 뜻과 연결하세요.

中心 (   ) •   •   여럿 가운데 사이

中間 (   ) •   •   겨냥한 곳에 바로 맞춤

命中 (   ) •   •   한가운데

😊 中이 들어간 낱말을 찾아 ○표 하세요.

上昇   地上   中心   中間

 자리 위(位)에 대해 알아봅시다.

位

자리 위

위라고 읽습니다.
자리를 잡는다는
뜻입니다.

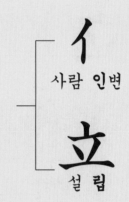

사람이 일정한 자리에 서서 자리를 잡은 것을
나타낸 한자입니다.

●빈 칸에 알맞은 글을 쓰세요.

位는 ☐ 라고 읽습니다.

☐☐ 를 잡는다는 뜻입니다.

😊 필순에 따라 位를 바르게 쓰세요.

총 7획

位	位	位	位	位
位	位	位	位	位

● 뜻과 음을 소리내어 읽으면서 位를 쓰세요.

자리 위	자리 위	자리 위	자리 위	자리 위
位	位	位	位	位

● 빈 칸에 알맞은 한자와 뜻, 음을 쓰세요.

位				자리	위
한자	뜻	음	한자	뜻	음

글을 읽고, **位**가 나오는 낱말을 알아봅시다.

사람은 地位(지위)가 높아짐에 따라
品位(품위)를 갖추어야 합니다.
제 位置(위치)를 모르고 천박하게 굴거나
주제 넘은 일을 하게 되면,
사람들이 손가락질하고 따르지 않게 됩니다.

● 位置(위치): 있는 자리   ● 品位(품위):사람이나 물건이 지닌 인상
● 地位(지위):맡고 있는 벼슬

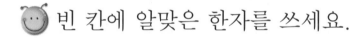빈 칸에 알맞은 한자를 쓰세요.

위	치	품	위	지	위
位	置	品	位	地	位
	置	品		地	

😊 흐린 글자를 따라 쓰면서 位를 익히세요.

位는 위라고 읽고, 자리를 잡는다는 뜻입니다.

位는 사람이 일정한 자리에 서서

자리를 잡은 것을 나타낸 한자입니다.

位의 획수는 총 7 획입니다.

😊 뜻과 음을 크게 읽으면서, 位를 쓰세요.

位	位	位	位	位
位	位	位	位	位

🐝 位는 사람 인(亻)부수의 한자입니다.

사람이 서서 자리를 잡는 모습을 나타낸 한자입니다.

🐝 한자의 음을 쓰고, 맞는 것끼리 연결하세요.

位置 ( ) •   • 사람이 지닌 인상

品位 ( ) •   • 있는 곳

地位 ( ) •   • 맡고 있는 벼슬

🐝 位가 들어간 낱말을 찾아 ○표 하세요

位置   品位   中心   命中

😊 뜻과 음을 읽으면서, 이번 주에 배운 한자를 쓰세요.

위 상	위 상	위 상	위 상	위 상
上	上	上	上	上

가운데 중	가운데 중	가운데 중	가운데 중	가운데 중
中	中	中	中	中

아래 하	아래 하	아래 하	아래 하	아래 하
下	下	下	下	下

자리 위	자리 위	자리 위	자리 위	자리 위
位	位	位	位	位

서로 알맞은 것끼리 연결하세요.

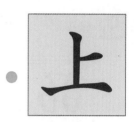

😊 빈칸에 공통으로 들어갈 한자를 찾아 연결하세요.

地		땅 위
	品	좋은 상품

	山	산을 내려감
	品	질이 낮은 상품

命		겨냥한 곳에 바로 맞춤
	間	여럿 가운데 사이

	置	있는 자리
地		맡고 있는 직책(벼슬)

下

上

位

中

😊 빈 칸에 알맞은 한자를 쓰세요.

상	품
	品

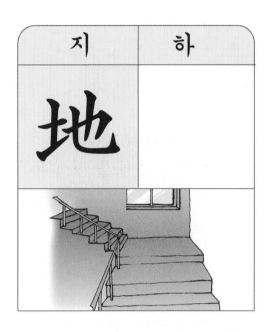

지	하
地	

중	심
	心

지	위
地	

😊 동화를 읽고, 빈 칸에 알맞은 한자를 쓰세요.

포도맛은 어떤 맛?

어느 날 上典(상전)이 下人(하인)들을 불러 모았습니다.
"이 포도를 먹고 나서, 어떤 맛인가를 가장 잘 말하는
사람에게 상을 주겠다."
下人들은 모두 줄을 서서 포도를 받아 먹었습니다.
그리고 그 맛에 대해 말하기 시작했습니다.
"꿀맛입니다."
"새콤달콤한 맛입니다."
그러나 上典은 고개를 가로저을 뿐이었습니다.
그 때 줄 中間(중간)에 位置(위치)하고 있던 下人이 말했습니다.
"이것은 잘 익은 포도 맛입니다."
비로소 上典이 만족해하면서 그 下人에게 상을 주었습니다.
포도는 바로 포도 맛일 뿐입니다.

위 상	아래 하	가운데 중	자리 위

 부수를 찾아 선을 긋고, ○안에 부수를 쓰세요.

上	上	위 상

한 일

中	中	가운데 중

한 일

下	下	아래 하

뚫을 곤

位	位	자리 위

사람 인변

😊 서로 알맞은 것끼리 선을 이으세요.

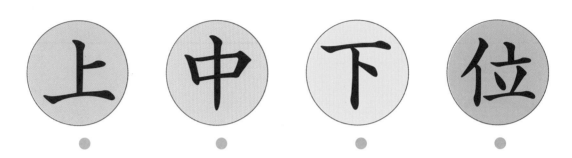

上　中　下　位

가운데　위　아래　자리

하　중　위　상

😊 빈 칸에 알맞은 한자를 쓰고,
보기에서 같은 뜻을 찾아 번호를 적으세요.

상	전
	典

빨래에 종의 뒤축이 희다 ----------------- ( )

하	후	상	박
	厚	上	撲

----------------- ( )

위	치
	置

선정을 잘 하는 선수 ----------------- ( )

백	발	백	중
百	發	百	

----------------- ( )

보기

❶ 자리를 잘 잡는 선수.

❷ 남의 일을 해 주면 그만큼 돌아오는 것이 있다.

❸ 계획이 딱딱 들어 맞음.

❹ 아랫사람에게는 넉넉하고, 윗사람에게는 인색함.

학의 다리는 하나?

개인별 · 능력별 학습 프로그램

이번 주에 배울 한자

東	西	南	北
동녘 동	서녘 서	남녘 남	북녘 북

금주평가	읽 기	쓰 기	이번 주는?
	Ⓐ 아주 잘함	Ⓐ 아주 잘함	· 학습방법 ① 매일매일 ② 가끔 ③ 한꺼번에 - 하였습니다.
	Ⓑ 잘함	Ⓑ 잘함	· 학습태도 ① 스스로 잘 ② 시켜서 억지로 - 하였습니다.
	Ⓒ 보통	Ⓒ 보통	· 학습흥미 ① 재미있게 ② 싫증내며 - 하였습니다.
	Ⓓ 부족함	Ⓓ 부족함	· 교재내용 ① 적합하다고 ② 어렵다고 ③ 쉽다고 - 하였습니다.

♣ 지도 교사가 부모님께	♣ 부모님이 지도 교사께

종합평가	Ⓐ 아주 잘함	Ⓑ 잘함	Ⓒ 보통	Ⓓ 부족함

원교	반 이름	전화

기초 탄탄한 교육·기초 탄탄한 학습
G 기탄교육
www.gitan.co.kr/ (02)586-1007(대)

😊 지난 주에 배운 한자를 다시 한 번 써 보세요.

위 상	위 상	위 상	위 상	위 상
上	上	上	上	上

가운데 중	가운데 중	가운데 중	가운데 중	가운데 중
中	中	中	中	中

아래 하	아래 하	아래 하	아래 하	아래 하
下	下	下	下	下

자리 위	자리 위	자리 위	자리 위	자리 위
位	位	位	位	位

😊 이번 주에 배울 한자를 큰 소리로 읽으세요.

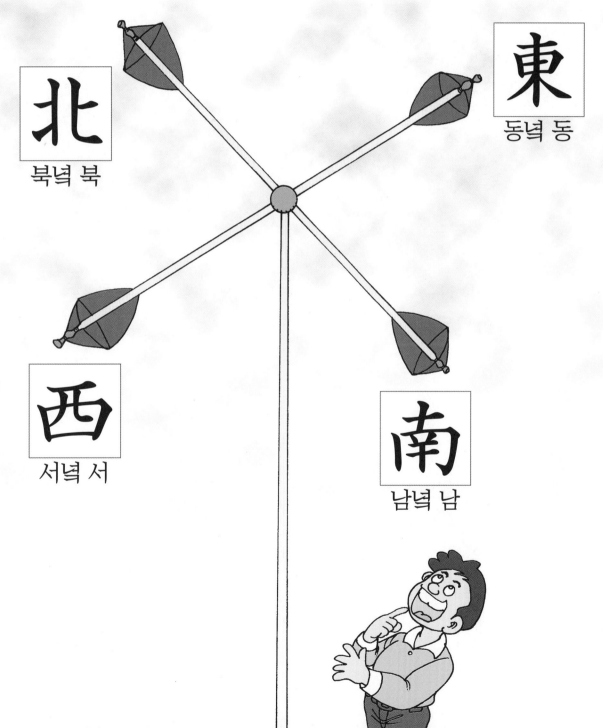

 동녘 동(東)에 대해 알아봅시다.

東
동녘 동

동이라고 읽습니다.
동쪽이라는 뜻입니다.

木
나무 목

日
날 일

해(日)가 나무(木)에 걸쳐 떠오르는 동쪽을 나타내는
한자입니다.

●빈 칸에 알맞은 글을 쓰세요.

東은 □ 이라고 읽습니다.

□ □ 이라는 뜻입니다.

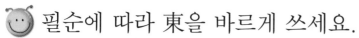
😊 필순에 따라 東을 바르게 쓰세요.

총 8획

東	東	東	東
東	東	東	東

● 뜻과 음을 소리내어 읽으면서 東을 쓰세요.

동녘 동	동녘 동	동녘 동	동녘 동	동녘 동
東	東	東	東	東

● 빈 칸에 알맞은 한자와 뜻, 음을 쓰세요.

東		
한자	뜻	음

	동녘	동
한자	뜻	음

🙂 글을 읽고, 東이 나오는 낱말을 알아봅시다.

우리 나라는 東洋(동양)의 작은 나라입니다.
일본과는 東海(동해)를 사이에 두고 있지요.
옛날부터 우리 나라는 '東方(동방) 예의 지국'으로
불리웠답니다.
東쪽 지방에서 가장 친절하고,
예의가 있는 나라라는 뜻이었어요.

● 東洋(동양):동쪽 아시아   ● 東海(동해):우리 나라의 동쪽 바다
● 東方(동방):동쪽 지방

🙂 빈 칸에 알맞은 한자를 쓰세요.

동	양	동	해	동	방
東	洋	東	海	東	方
	洋		海		方

흐린 글자를 따라 쓰면서 **東**을 익히세요.

東은 동 이라고 읽고, 동쪽 이라는 뜻입니다.

東은 해 가 나무 에 걸쳐 떠오르는

동쪽을 나타내는 한자입니다.

東의 획수는 총 8 획입니다.

 뜻과 음을 크게 읽으면서, 東을 쓰세요.

東	東	東	東	東	東
東	東	東	東	東	東

😊 東은 나무 목(木)부수의 한자입니다.

木 나무 목 + 日 날 일 = 東 동녘 동

나무 위로 해가 솟는 곳은 동쪽입니다.

😊 한자의 음을 쓰고, 맞는 것끼리 연결하세요.

東洋 (   ) •   • 동쪽 연안의 바다

東海 (   ) •   • 동쪽 지방

東方 (   ) •   • 동쪽 아시아

😊 東이 나오는 낱말을 찾아 ○표 하세요.

東洋   位置   東海   地位

 서녘 서(西)에 대해 알아봅시다.

西

서녘 서

서라고 읽습니다.
서쪽이라는 뜻입니다.

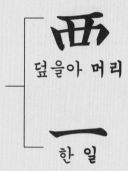

西 — 덮을아 머리
一 — 한 일

새가 둥지에 돌아올 무렵은 저녁으로서 해가 서쪽으로 기울어진다는 뜻으로 만들어진 한자입니다.

●빈 칸에 알맞은 글을 쓰세요.

西는 □ 라고 읽습니다.

□□ 이라는 뜻입니다.

 필순에 따라 西를 바르게 쓰세요.

총 6획

西	西	西	西
西	西	西	西

●뜻과 음을 소리내어 읽으면서 西를 쓰세요.

서녘 서	서녘 서	서녘 서	서녘 서	서녘 서
西	西	西	西	西

●빈 칸에 알맞은 한자와 뜻, 음을 쓰세요.

西				서녘 서	
한자	뜻	음	한자	뜻	음

😊 글을 읽고, **西**가 나오는 낱말을 알아봅시다.

인천은 西海(서해)에 자리잡고 있습니다.
인천 연안 부두에 서 있으니,
西風(서풍)과 함께 배 한 척이
들어왔습니다.
西洋(서양)의 어느 나라에서
들어온 배였습니다.

● 西海(서해):서쪽 바다   ● 西風(서풍):서쪽에서 불어오는 바람
● 西洋(서양):유럽과 아메리카 대륙의 나라

😊 빈 칸에 알맞은 한자를 쓰세요.

서	해	서	풍	서	양
西	海	西	風	西	洋
	海		風		洋

😊 흐린 글자를 따라 쓰면서 西를 익히세요.

西 는 서 라고 읽고, 서쪽 이라는 뜻입니다.

西는 새가 둥지에 돌아올 무렵은 저녁으로서 해가 서쪽으로

기울어진다 는 뜻으로 만들어진 한자입니다.

西의 획수는 총 6 획입니다.

😊 뜻과 음을 크게 읽으면서, 西를 쓰세요.

西	西	西	西	西
西	西	西	西	西

😊 西는 덮을아머리(西) 부수의 한자입니다.

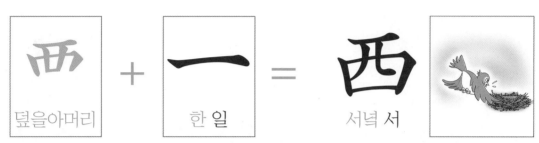

西	+	一	=	西
덮을아머리		한 일		서녘 서

해가 지는 저녁에 새가 둥지를 찾아드는 모습이니,
서쪽을 나타냅니다.

😊 한자의 음을 쓰고, 맞는 것끼리 연결하세요.

西海(　　) •　　• 서쪽에서 부는 바람

西風(　　) •　　• 유럽과 아메리카 나라들

西洋(　　) •　　• 서쪽 연안의 바다

😊 西가 나오는 낱말을 찾아 ◯표 하세요.

西海　東海　西洋　東方

 남녘 남(南)에 대해 알아봅시다.

南
남녘 남

남이라고 읽습니다.
남쪽이라는 뜻입니다.

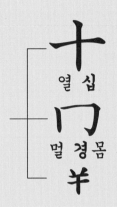

十 열 십
冂 멀 경 몸
半

온실에서 싹이 돋아나는 따뜻한 남쪽을 나타낸
한자입니다.

● 빈 칸에 알맞은 글을 쓰세요.

南은 ☐ 이라고 읽습니다.

☐ 쪽 이라는 뜻입니다.

😊 필순에 따라 南을 바르게 쓰세요.

총 9획

南	南	南	南
南	南	南	南

● 뜻과 음을 소리내어 읽으면서 南을 쓰세요.

남녘 남	남녘 남	남녘 남	남녘 남	남녘 남
南	南	南	南	南

● 빈 칸에 알맞은 한자와 뜻, 음을 쓰세요.

南				남녘	남
한자	뜻	음	한자	뜻	음

😊 글을 읽고, **南**이 나오는 낱말을 알아봅시다.

북부 지방에서 시작된 장마가
南下(남하)하고 있어요.
얼마 걸리지 않아서 南部(남부) 지방과
南海(남해)에도 장마가 시작될 거예요.
우리 모두 장마에 대비해야 할
때입니다.

● 南下(남하):남쪽으로 내려옴   ● 南部(남부):남쪽
● 南海(남해):남쪽 바다

😊 빈 칸에 알맞은 한자를 쓰세요.

남	하		남	부		남	해
南	下		南	部		南	海
	下			部			海

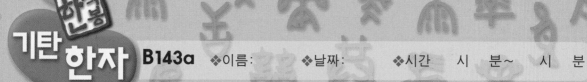

😊 흐린 글자를 따라 쓰면서 南을 익히세요.

南은 남이라고 읽고, 남쪽 이라는 뜻입니다.

南은 온실에서 싹이 돋아나는

따뜻한 남쪽을 나타낸 한자입니다.

南의 획수는 총 9획입니다.

😊 뜻과 음을 크게 읽으면서, 南을 쓰세요.

南	南	南	南	南
南	南	南	南	南

😊 南은 열 십(十)부수의 한자입니다.

| 十 | + | 甪 | = | 南 |

열 십 ／ 남녘 남

풀이 점점 더 잘 자라는 곳은 남쪽입니다.

😊 한자의 음을 쓰고, 맞는 것끼리 연결하세요.

南下 (   )　·　　·　남쪽 연안의 바다

南海 (   )　·　　·　남쪽

南部 (   )　·　　·　남쪽으로 내려 옴

😊 南이 나오는 낱말을 찾아 ○표 하세요.

西風　西海　南部　南海

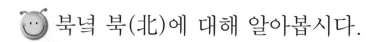
😊 북녘 북(北)에 대해 알아봅시다.

北

북녘 북
달아날 배

북 또는 배라고 읽습니다.
북쪽 또는
달아난다는 뜻입니다.

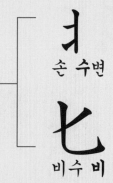
 扌 손 수변
 匕 비수 비

두 사람이 서로 등을 지고, 태양이 비치는 반대인
북쪽을 나타낸 한자입니다.

●빈 칸에 알맞은 글을 쓰세요.

北은(는) ☐ 또는 ☐ 라고 읽습니다.

☐ 쪽 또는 ☐☐☐☐ 는 뜻입니다.

😊 필순에 따라 北을(를) 바르게 쓰세요.

총 5획

北	北	北	北	北
北	北	北	北	北

● 뜻과 음을 소리내어 읽으면서 北을(를) 쓰세요.

북녘 북	북녘 북	북녘 북	북녘 북	북녘 북
北	北	北	北	北

● 빈 칸에 알맞은 한자와 뜻, 음을 쓰세요.

北				북녘	북
한자	뜻	음	한자	뜻	음

😊 글을 읽고, **北**이(가) 나오는 낱말을 알아봅시다.

조선 시대에 우리 나라에 北方(북방)의
청나라가 쳐들어 왔습니다.
온백성이 힘을 합쳐 대항했지만,
결국 敗北(패배)하고 말았습니다.
전쟁이 끝난 후, 효종 임금은
비밀리에 北進(북진)을 계획하고 있었습니다.

● 北方(북방):북쪽 ● 敗北(패배):싸움에서 짐
● 北進(북진):북쪽을 쳐들어감

😊 빈 칸에 알맞은 한자를 쓰세요.

북	방	패	배	북	진
北	方	敗	北	北	進
	方	敗			進

흐린 글자를 따라 쓰면서 北을(를) 익히세요.

北은(는) 북 또는 배라고 읽고, 북쪽 또는 달아난다라는 뜻입니다.

北은 두 사람이 서로 등을 지고, 태양이 비치는 반대인 북쪽을 나타낸 한자입니다.

北의 획수는 총 5획입니다.

뜻과 음을 크게 읽으면서, 北을(를) 쓰세요.

北	北	北	北	北	北
北	北	北	北	北	北

😊 北은(는) 비수 비(匕) 부수의 한자입니다.

扌	+	匕	=	北
손 수변		비수 비		북녘 북

사람이 등지고 있는 것은 추운 북쪽에 있기 때문입니다.

😊 한자의 음을 쓰고, 맞는 것끼리 연결하세요.

北方 ( ) •   • 싸움에서 짐

敗北 ( ) •   • 북쪽

北進 ( ) •   • 북쪽으로 쳐들어감

😊 北이(가) 나오는 낱말을 찾아 ○표 하세요.

南方   敗北   北進   南下

B146b

😊 뜻과 음을 읽으면서, 이번 주에 배운 한자를 쓰세요.

동녘 동	동녘 동	동녘 동	동녘 동	동녘 동
東	東	東	東	東

서녘 서	서녘 서	서녘 서	서녘 서	서녘 서
西	西	西	西	西

남녘 남	남녘 남	남녘 남	남녘 남	남녘 남
南	南	南	南	南

북녘 북	북녘 북	북녘 북	북녘 북	북녘 북
北	北	北	北	北

서로 관계 있는 그림과 한자를 선으로 이으세요.

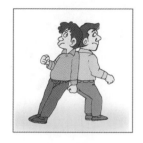 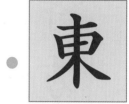

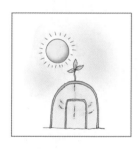 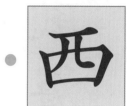

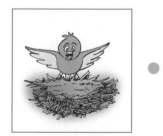 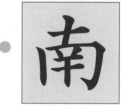

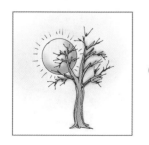 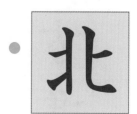

😊 빈칸에 공통으로 들어갈 한자를 찾아 연결하세요.

	洋	동쪽 아시아
	方	동쪽 지방

	風	서쪽에서 불어 오는 바람
	海	서쪽 바다

	下	남쪽으로 내려옴
	部	남쪽

	方	북쪽 지방
	進	북쪽으로 쳐들어 감

南

東

北

西

😊 빈 칸에 알맞은 한자를 쓰세요.

동	방
	方

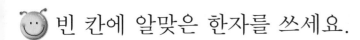

서	양
	洋

남	해
	海

북	진
	進

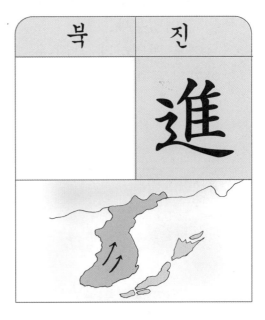

😊 동화를 읽고, 빈 칸에 알맞은 한자를 쓰세요.

꿈을 찾아서

西海(서해)에 살던 숭어 한 마리가 자기가 살던 곳을 떠나
東海(동해)를 향해 헤엄쳐 가고 있었습니다.
"그곳이 여기보다 훨씬 살기 좋을 거야."
길을 떠나던 중에 숭어는 北海(북해)에서
南下(남하)하는 오징어떼를 만나기도 했습니다.
또 東쪽에서 고등어 한 마리가 西쪽으로 오는 것이 보였습니다.
숭어는 그 고등어를 보고 무척 반가워하면서 말을 걸었습니다.
"고등어야. 난 지금 네가 살았던 東쪽으로 가고 있단다.
거긴 살기 좋은 곳이지?"
이 말을 듣고 고등어가 소스라치게 놀라면서 대답했습니다.
"뭐라고? 난 네가 떠나온 西쪽이 살기 좋은 곳이냐고
물을 참이었는데."
고등어도 막연하게 西쪽을 그리워하여
찾아가던 중이었습니다.

동녘 동	서녘 서	남녘 남	북녘 북

😊 부수를 찾아 선을 긋고, ○안에 부수를 쓰세요.

| 東 | 東 | 동녘 동 |

나무 목

| 西 | 西 | 서녘 서 |

덮을아머리

| 南 | 南 | 남녘 남 |

비수 비

| 北 | 北 | 북녘 북 |

열 십

😊 서로 알맞은 것끼리 선을 이으세요.

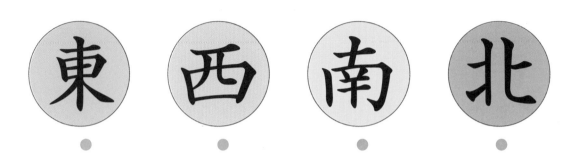

東　西　南　北

남녘　동녘　서녘　북녘

남　북　서　동

빈 칸에 알맞은 한자를 쓰고,
보기에서 같은 뜻을 찾아 번호를 적으세요.

동	문	서	답
	問	西	答

( )

동	분	서	주
東	奔		走

( )

남	산
	山

골 샌님 ( )

남	남	북	녀
南	男		女

( )

보기

❶ 가난하지만 자존심이 강한 사람.

❷ 남쪽에 멋진 남자가 많고, 북쪽에 예쁜 여자가 많다.

❸ 묻는대로 대답하지 않고 엉뚱한 대답을 하는 것.

❹ 여기 저기 바쁘게 돌아다님.

🙂 사실은 말이오

이번 주에 배울 한자

七	九	百	千
일곱 칠	아홉 구	일백 백	일천 천

금주평가	읽 기	쓰 기	이번 주는?
	Ⓐ 아주 잘함	Ⓐ 아주 잘함	·학습방법 ① 매일매일 ② 가끔 ③ 한꺼번에 - 하였습니다.
	Ⓑ 잘함	Ⓑ 잘함	·학습태도 ① 스스로 잘 ② 시켜서 억지로 - 하였습니다.
	Ⓒ 보통	Ⓒ 보통	·학습흥미 ① 재미있게 ② 실증내며 - 하였습니다.
	Ⓓ 부족함	Ⓓ 부족함	·교재내용 ① 적합하다고 ② 어렵다고 ③ 쉽다고 - 하였습니다.

♣ 지도 교사가 부모님께	♣ 부모님이 지도 교사께

종합평가	Ⓐ 아주 잘함	Ⓑ 잘함	Ⓒ 보통	Ⓓ 부족함

원교	반 이름	전화

😊 지난 주에 배운 한자를 다시 한 번 써 보세요.

동녘 동	동녘 동	동녘 동	동녘 동	동녘 동
東	東	東	東	東

서녘 서	서녘 서	서녘 서	서녘 서	서녘 서
西	西	西	西	西

남녘 남	남녘 남	남녘 남	남녘 남	남녘 남
南	南	南	南	南

북녘 북	북녘 북	북녘 북	북녘 북	북녘 북
北	北	北	北	北

😊 이번 주에 배울 한자를 큰 소리로 읽어 보세요.

七 일곱 칠

九 아홉 구

百 일백 백

千 일천 천

 일곱 칠(七)에 대해 알아봅시다.

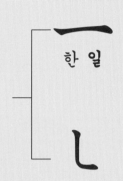

七

일곱 칠

칠이라고 읽습니다.

일곱이라는 뜻입니다.

한 일

열(十)에서 몇개(3)를 빼서 7을 나타낸 한자입니다.

●빈 칸에 알맞은 글을 쓰세요.

七은 [　] 이라고 읽습니다.

[　][　] 이라는 뜻입니다.

😊 필순에 따라 七을 바르게 쓰세요.

총 2획

七	七	七	七	七

● 뜻과 음을 소리내어 읽으면서 七을 쓰세요.

일곱 칠	일곱 칠	일곱 칠	일곱 칠	일곱 칠
七	七	七	七	七

일곱 칠	일곱 칠	일곱 칠	일곱 칠	일곱 칠
七	七	七	七	七

● 빈 칸에 알맞은 한자와 뜻, 음을 쓰세요.

七		
한자	뜻	음

	일곱	칠
한자	뜻	음

😊 글을 읽고, 七이 나오는 낱말을 알아봅시다.

옛날에는 아내가 하지 말아야 할 7가지 나쁜 짓을
七去之惡(칠거지악)이라고 했답니다.
내용을 살펴보면 여자에게만 불리한 내용이었어요.
그러나 이를 어기면 여자는 집에서 쫓겨나곤 했어요.
七月(칠월) 七夕(칠석)날에는
七去之惡 때문에 쫓겨난 여자들이
견우 직녀의 다정한 모습을 부러워하곤 했대요.

● 七去之惡(칠거지악):아내로서 하지 말아야 할 7가지 금지 사항
● 七夕(칠석):견우와 직녀가 만난다는 매년 음력 7월 7일

😊 빈 칸에 알맞은 한자를 쓰세요.

칠	거	지	악	칠	석
七	去	之	惡	七	夕
	去	之	惡		夕

😊 흐린 글자를 따라 쓰면서 七을 익히세요.

七은 칠 이라고 읽고, 일곱 이라는 뜻입니다.

七은 열(十)에서 몇 개(3)을 빼서

7을 나타낸 한자입니다.

七의 획수는 총 2 획입니다.

😊 뜻과 음을 크게 읽으면서, 七을 쓰세요.

七	七	七	七	七	七
七	七	七	七	七	七

😊 七은 한 일(一) 부수의 한자입니다.

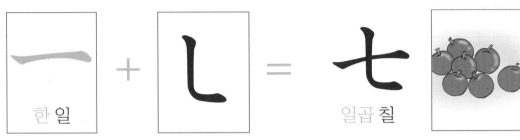

一	+	ㄴ	=	七
한 일				일곱 칠

열 십(十)에서 몇(3)개를 뺀다는 표시를 한 한자입니다.

😊 한자의 음을 쓰고, 맞는 것끼리 연결하세요.

七去之惡
(　　　　) ·

七夕(　　) ·

· 매년 음력 7월 7일

· 아내로서 하지 않아야 할
7가지 금지 사항

😊 七이 나오는 낱말을 찾아 ○표 하세요.

七夕　七去之惡　敗北　北門

 아홉 구(九)에 대해 알아봅시다.

九
아홉 구

구라고 읽습니다.
아홉이라는 뜻입니다.

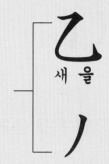

새들이 아홉 마리 이상 무리지어 날아다니는
모습을 나타낸 한자입니다.

● 빈 칸에 알맞은 글을 쓰세요.

九는 [ ] 라고 읽습니다.

[ ][ ] 이라는 뜻입니다.

총 2획

😊 필순에 따라 九를 바르게 쓰세요.

九	九	九	九	九

● 뜻과 음을 소리내어 읽으면서 九를 쓰세요.

아홉 구	아홉 구	아홉 구	아홉 구	아홉 구
九	九	九	九	九

아홉 구	아홉 구	아홉 구	아홉 구	아홉 구
九	九	九	九	九

● 빈 칸에 알맞은 한자와 뜻, 음을 쓰세요.

九				아홉	구
한자	뜻	음	한자	뜻	음

😊 글을 읽고, **九**가 나오는 낱말을 알아봅시다.

우리 팀이 지고 있던 九回(구회) 말이었습니다.
충식이가 주자를 1루에 두고 타석에 들어섰습니다.
상대편 투수가 공을 던지자,
충식이는 기다렸다는 듯이 방망이를 휘둘렀습니다.
딱!
2점 홈런이었습니다.
우리 팀은 九死一生(구사일생)으로 결승에 진출했습니다.

● 九回(구회) : 아홉 번째
● 九死一生(구사일생) : 여러 차례 죽을 고비를 넘기다가 겨우 살아남

😊 빈 칸에 알맞은 한자를 쓰세요.

구	회	구	사	일	생
九	回	九	死	一	生
	回		死	一	生

😊 흐린 글자를 따라 쓰면서 九를 익히세요.

九는 구 라고 읽고, 아홉 이라는 뜻입니다.

九는 새 들이 아홉 마리 이상 무리지어

날아다니는 모습을 나타낸 한자입니다.

九의 획수는 총 2 획입니다.

😊 뜻과 음을 크게 읽으면서, 九를 쓰세요.

九	九	九	九	九
九	九	九	九	九

😊 九는 새 을 (乙)부수의 한자입니다.

$$乙 + ノ = 九$$

새 을   아홉 구

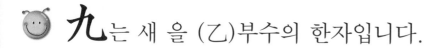

새는 아홉 마리 이상 떼를 지어 날아갑니다.

😊 한자의 음을 쓰고, 맞는 것끼리 연결하세요.

九回(　　)•　　• 아홉 번째

九死一生
(　　　　) •　　• 겨우 살아남

😊 九가 들어간 낱말을 찾아 ○표 하세요.

上昇　九回　地上　革新

B156b

일백 백(百)에 대해 알아봅시다.

百
일백 백
많을 백

백이라고 읽습니다.
100 또는 많다는
뜻입니다.

一 한 일

白 흰 백

숫자 100도 1부터 시작된다는 뜻의 한자입니다.

●빈 칸에 알맞은 글을 쓰세요.

百은 [   ]이라고 읽습니다.

[   ] 또는 [   ][   ]는 뜻입니다.

😊 필순에 따라 百을 바르게 쓰세요.

총 6획

百	百	百	百
百	百	百	百	百

● 뜻과 음을 소리내어 읽으면서 百을 쓰세요.

일백백	일백백	일백백	일백백	일백백
百	百	百	百	百

● 빈 칸에 알맞은 한자와 뜻, 음을 쓰세요.

百		
한자	뜻	음

	일백	백
한자	뜻	음

글을 읽고, **百**이 나오는 낱말을 알아봅시다.

나쁜 임금이 있었어요.
그 임금은 百姓(백성)들을 속여서,
자기 배만 불리려고 百計(백계)를 꾸몄어요.
百姓들이 추수한 百果(백과)를 궁궐에
가져오도록 한 거예요.
궁궐 창고를 빌려줄테니, 거기에 쌓아놓으라고
하고서는 한 개도 돌려 주지 않았답니다.

● 百姓(백성):일반 국민 ● 百計(백계):여러 가지 계략
● 百果(백과):온갖 과일

빈 칸에 알맞은 한자를 쓰세요.

백	성	백	계	백	과
百	姓	百	計	百	果
	姓		計		果

😊 흐린 글자를 따라 쓰면서 **百**을 익히세요.

百 은 백 이라고 읽고, 100 또는 많다 는 뜻입니다.

百 은 숫자 100도 1부터 시작된다는 뜻의 한자입니다.

百 의 획수는 총 6 획입니다.

😊 뜻과 음을 크게 읽으면서, 百을 쓰세요.

百	百	百	百	百	百
百	百	百	百	百	百

😊 **百**은 흰 백(白)부수의 한자입니다.

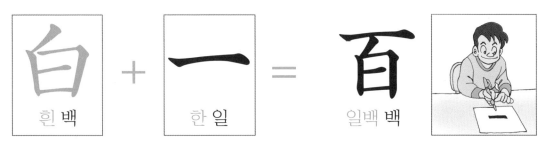

백이란 숫자도 하얀 종이 위에 1을 쓰면서부터 시작됩니다.

😊 한자의 음을 쓰고, 맞는 것끼리 연결하세요.

百姓 (　　)　•　　　•　여러 가지 계략

百計 (　　)　•　　　•　온갖 과일

百果 (　　)　•　　　•　일반 국민

😊 百이 나오는 한자를 찾아 ○표 하세요.

九回　百姓　百計　七夕

😊 일천 천(千)에 대해 알아봅시다.

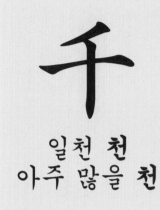

일천 천
아주 많을 천

천이라고 읽습니다.
1,000 또는
아주 많다는 뜻입니다.

十
열 십

一
한 일

- -

열 십(十) 몇 개만으로 천(千)을 만들기에는
어림도 없다는 뜻으로 만들어진 한자입니다.

● 빈 칸에 알맞은 글을 쓰세요.

千은 ☐ 이라고 읽습니다.

☐ 또는 ☐☐ 많다는 뜻입니다.

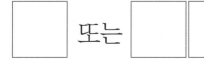

😊 필순에 따라 千을 바르게 쓰세요.

총 3획

千	千	千	千	千

● 뜻과 음을 소리내어 읽으면서 千 을 쓰세요.

일천 천	일천 천	일천 천	일천 천	일천 천
千	千	千	千	千

일천 천	일천 천	일천 천	일천 천	일천 천
千	千	千	千	千

● 빈 칸에 알맞은 한자와 뜻, 음을 쓰세요.

千				일천	천
한자	뜻	음	한자	뜻	음

😊 글을 읽고, 千이 나오는 낱말을 알아봅시다.

구렁이가 용이 되기 위해 연못에서
千日(천일) 기도를 올리던 중이었습니다.
999일이 되던 날이었습니다.
千里(천리) 길을 걸어온 나그네가 연못에 발을 씻었습니다.
구렁이는 발 냄새가 너무 심하여 기도를 멈추고 말았습니다.
결국 구렁이는 용이 되지 못하여,
나그네에게 千秋(천추)의 한을 품게 되었습니다.

● 千日(천일):1,000일　● 千里(천리):1,000리
● 千秋(천추):오랜 세월

😊 빈 칸에 알맞은 한자를 쓰세요.

천	일	천	리	천	추
千	日	千	里	千	秋
	日		里		秋

😊 흐린 글자를 따라 쓰면서 **千**을 익히세요.

千은 천이라고 읽고, 1000 또는 아주 많다 는 뜻입니다.

千은 열 십(十) 몇 개만으로 천(千)을 만들기에는

어림도 없다는 뜻으로 만들어진 한자입니다.

千의 획수는 총 3 획입니다.

😊 뜻과 음을 크게 읽으면서, 千을 쓰세요.

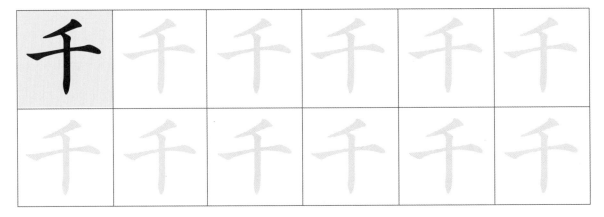

千은 열 십(十) 부수의 한자입니다.

열 십 (十)이 닿을 수 없을 만큼 많은 수입니다.

한자의 음을 쓰고, 맞는 것끼리 연결하세요.

千日 (　　) •　　• ｜ 오랜 세월

千里 (　　) •　　• ｜ 1,000일

千秋 (　　) •　　• ｜ 1,000리

千이 나오는 한자를 찾아 ○표 하세요.

千里　　百姓　　百日　　千秋

😊 뜻과 음을 읽으면서, 이번 주에 배운 한자를 쓰세요.

일곱 칠	일곱 칠	일곱 칠	일곱 칠	일곱 칠
七	七	七	七	七

아홉 구	아홉 구	아홉 구	아홉 구	아홉 구
九	九	九	九	九

일백 백	일백 백	일백 백	일백 백	일백 백
百	百	百	百	百

일천 천	일천 천	일천 천	일천 천	일천 천
千	千	千	千	千

 서로 맞는 것끼리 선을 이어 보세요.

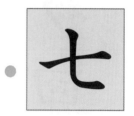

빈 칸에 공통으로 들어갈 한자를 찾아 연결하세요.

| 夕 | 매년 음력 7월 7일 |
| 回 | 일곱 번째 |

| 回 | 아홉 번째 |
| 月 | 구월 |

| 姓 | 일반 국민 |
| 果 | 온갖 과일 |

| 里 | 1000 리 |
| 秋 | 오랜 세월 |

九

七

千

百

빈 칸에 알맞은 한자를 쓰세요.

칠	석
	夕

구	회
	回

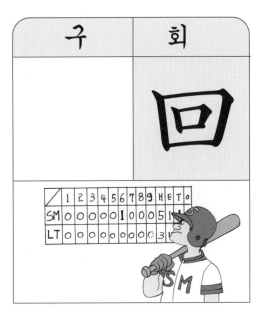

백	과
	果

천	추
	秋

😊 동화를 읽고, 빈 칸에 알맞은 한자를 쓰세요.

흉년이 들어도 난 상관 없어요

가뭄이 계속되어 농사를 망친 해였습니다.
모든 百姓(백성)들이 걱정을 하고 있었는데,
오직 한 사람은 이렇게 말했습니다.
"난 흉년이 九年(구년) 계속되어도 상관 없어!"
이 말을 듣고 원님은 무척 화가 났습니다.
그래서 그 사람을 잡아들였습니다.
"네놈이 얼마나 부자길래 흉년이 계속되어도 상관없다는 거야?"
"원님, 저는 가난 때문에 千秋(천추)에 한이 맺힌 사람입니다.
올해 흉년이 들었으니, 이제 저는 굶어 죽은 것이나
마찬가지입니다. 그러니 제가 죽은 다음에
흉년이 七年(칠년) 계속 되든지,
九年(구년)이 계속되든지 저와 무슨 상관이 있겠습니까?"

일곱 칠	아홉 구	일백 백	일천 천

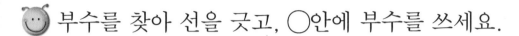 부수를 찾아 선을 긋고, ◯안에 부수를 쓰세요.

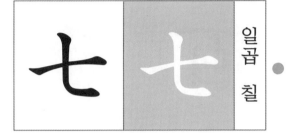 七 七 일곱 칠 ●

● 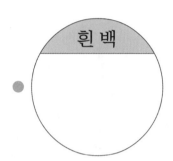 흰 백

 九 九 아홉 구 ●

● 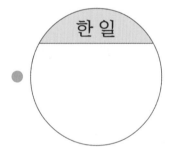 한 일

 百 百 일백 백 ●

● 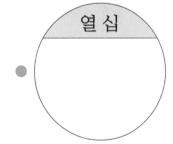 열 십

 千 千 일천 천 ●

● 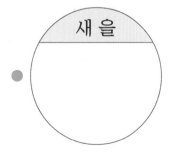 새 을

😊 서로 알맞은 것끼리 선을 이으세요.

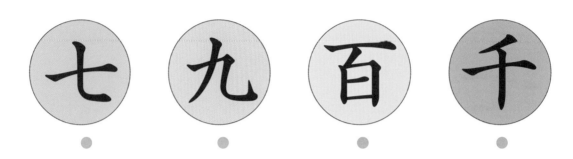

七　九　百　千

일천　일백　아홉　일곱

천　백　칠　구

😊 빈 칸에 알맞은 한자를 쓰고,
보기에서 같은 뜻을 찾아 번호를 적으세요.

칠	전	팔	기
	顚	八	起

( )

구	사	일	생
	死	一	生

( )

백	계	무	책
	計	無	策

( )

천	리	안
	里	眼

( )

보기

❶ 여러 차례 죽을 고비를 넘기고 겨우 살아남.

❷ 아무리 머리를 써도 소용이 없다.

❸ 먼 곳에서 일어난 일도 쉽게 알아낸다.

❹ 일곱 번 쓰러져도, 여덟 번 일어난다.

 죽고 나서 갚은 원수

기탄 한자

이번 주에 배울 한자

左	右	内	外
왼 좌	오른 우	안 내	밖 외

금주평가	읽 기	쓰 기	이번 주는?
	Ⓐ 아주 잘함	Ⓐ 아주 잘함	· 학습방법 ① 매일매일 ② 가끔 ③ 한꺼번에 - 하였습니다.
	Ⓑ 잘함	Ⓑ 잘함	· 학습태도 ① 스스로 잘 ② 시켜서 억지로 - 하였습니다.
	Ⓒ 보통	Ⓒ 보통	· 학습흥미 ① 재미있게 ② 실증내며 - 하였습니다.
	Ⓓ 부족함	Ⓓ 부족함	· 교재내용 ① 적합하다고 ② 어렵다고 ③ 쉽다고 - 하였습니다.

♣ 지도 교사가 부모님께	♣ 부모님이 지도 교사께

종합평가	Ⓐ 아주 잘함	Ⓑ 잘함	Ⓒ 보통	Ⓓ 부족함

원교	반 이름	전화

😊 지난 주에 배운 한자를 큰 소리로 읽으면서 써 보세요.

일곱 칠	일곱 칠	일곱 칠	일곱 칠	일곱 칠
七	七	七	七	七

아홉 구	아홉 구	아홉 구	아홉 구	아홉 구
九	九	九	九	九

일백 백	일백 백	일백 백	일백 백	일백 백
百	百	百	百	百

일천 천	일천 천	일천 천	일천 천	일천 천
千	千	千	千	千

😊 이번 주에 배울 한자를 큰 소리로 읽으세요.

外
밖 외

內
안 내

右
오른 우

左
왼 좌

😊 왼 좌(左)에 대해 알아봅시다.

左
왼 좌

좌라고 읽습니다.
왼쪽이라는 뜻입니다.

工 장인 공
ナ 자 척

장인이 왼손으로 자를 쥐고 있는 모습의 한자입니다.

●빈 칸에 알맞은 글을 쓰세요.

左는 □ 라고 읽습니다.

□□ 이라는 뜻입니다.

😊 필순에 따라 左를 바르게 쓰세요.

총 5획

左 ①②③④⑤ 左 左 左 左

左 左 左 左 左

●뜻과 음을 소리내어 읽으면서 左를 쓰세요.

왼 좌	왼 좌	왼 좌	왼 좌	왼 좌
左	左	左	左	左

●빈 칸에 알맞은 한자와 뜻, 음을 쓰세요.

左		
한자	뜻	음

	왼	좌
한자	뜻	음

B167b

😊 글을 읽고, **左**가 나오는 낱말을 알아봅시다.

형국이는 서예 전시장에 갔습니다.
이상하게도 모든 글씨가 左記(좌기)로 되어 있었습니다.
左右(좌우)를 둘러보았지만, 모두 똑같았습니다.
전시회를 다 보고 난 다음, 밖으로 나왔습니다.
복도에서는 左側(좌측) 통행을 했습니다.
다른 사람들의 통행에
방해가 되지 않게 하기 위해서였습니다.

● 左記(좌기):세로로 쓴 글씨   左右(좌우):곁
● 左側(좌측):왼쪽

😊 빈 칸에 알맞은 한자를 쓰세요.

좌	기
左	記
	記

좌	우
左	右
	右

좌	측
左	側
	側

😊 흐린 글자를 따라 쓰면서 左를 익히세요.

左는 좌라고 읽고, 왼쪽 이라는 뜻입니다.

左는 장인이 왼손으로 자를 쥐고 있는

모습의 한자입니다.

左의 획수는 총 5획입니다.

😊 뜻과 음을 크게 읽으면서, 左를 쓰세요.

左	左	左	左	左	左
左	左	左	左	左	左

😊 左는 장인 공(工) 부수의 한자입니다.

ナ + 工 = 左

자 척 　　 장인 공 　　 왼 좌

왼손에 자를 들고 일을 하는 장인입니다.

😊 한자의 음을 쓰고, 맞는 것끼리 연결하세요.

左記 ( ) ·　　· 　왼쪽

左右 ( ) ·　　· 　세로로 쓴 글씨

左側 ( ) ·　　· 　곁

😊 左가 들어간 낱말을 찾아 ○표 하세요.

左記　　千秋　　千日　　左側

오른 우(右)에 대해 알아봅시다.

右
오른 우

우라고 읽습니다.
오른쪽이라는 뜻입니다.

口
입 구

ナ

사람들은 보통 오른손으로 숟가락질을 합니다.

● 빈 칸에 알맞은 글을 쓰세요.

右는 □ 라고 읽습니다.

□□ 쪽이라는 뜻입니다.

총 5획

😊 필순에 따라 右를 바르게 쓰세요.

右 右 右 右 右

右 右 右 右 右

●뜻과 음을 소리내어 읽으면서 右를 쓰세요.

오른 우	오른 우	오른 우	오른 우	오른 우
右	右	右	右	右

●빈 칸에 알맞은 한자와 뜻, 음을 쓰세요.

右				오른	우
한자	뜻	음	한자	뜻	음

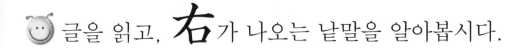

😊 글을 읽고, **右**가 나오는 낱말을 알아봅시다.

민방공 훈련 때였습니다.
아이들이 右往左往(우왕좌왕)하기 시작했습니다.
공습 경보가 울리면 즉시 교실 右側(우측)에 있는
방공호로 가야 합니다.
그런데 아이들은 모두 어리둥절하고만 있었습니다.
훈련이 끝난 다음,
우리는 선생님에게 심한 꾸중을 들었습니다.

● 右往左往(우왕좌왕) : 이리저리 오락가락함
● 右側(우측) : 오른쪽

😊 빈 칸에 알맞은 한자를 쓰세요.

우	왕	좌	왕		우	측
右	往	左	往		右	側
	往		往			側

😊 흐린 글자를 따라 쓰면서 右를 익히세요.

右 는 우 라고 읽고, 오른쪽 이라는 뜻입니다.

右 는 사람들이 보통 오른손 으로 숟가락질 을 하는

모습을 나타내는 한자입니다.

右 의 획수는 총 5획입니다.

😊 뜻과 음을 크게 읽으면서, 右를 쓰세요.

右	右	右	右	右	右
右	右	右	右	右	右

😀 右는 입 구(口) 부수의 한자입니다.

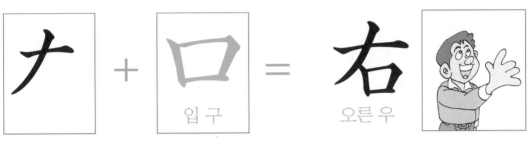

ナ + 口 = 右
　　　　입 구　　오른 우

입을 많이 돕는 손은 오른손입니다.

😊 한자의 음을 쓰고, 맞는 것끼리 연결하세요.

右側( )　•　　　•　　오른쪽

右往左往
( )　•　　　•　　이리저리 오락가락 함

😄 右가 들어 있는 낱말을 찾아 ○표 하세요.

左側　右往左往　右側

 안 내(內)에 대해 알아봅시다.

內
안 내

내라고 읽습니다.
안이라는 뜻입니다.

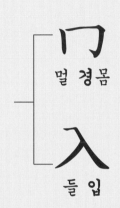
冂 멀 경몸
入 들 입

먼 곳에서 성으로 들어오니 바로 성 안입니다.

※ 안 내의 모양은 內, 內 모두 통용됩니다.

●빈 칸에 알맞은 글을 쓰세요.

內는 [ ]라고 읽습니다.

[ ]이라는 뜻입니다.

😊 필순에 따라 內를 바르게 쓰세요.

총 4획

內	內	內	內	內

●뜻과 음을 소리내어 읽으면서 內를 쓰세요.

안 내	안 내	안 내	안 내	안 내
內	內	內	內	內

안 내	안 내	안 내	안 내	안 내
內	內	內	內	內

●빈 칸에 알맞은 한자와 뜻, 음을 쓰세요.

內		
한자	뜻	음

	안	내
한자	뜻	음

글을 읽고, **内**가 나오는 낱말을 알아봅시다.

상희는 3학년 작품전 案内(안내)를 맡았습니다.
오후가 되니, 많은 학부형들이 오셨습니다.
상희는 상냥하게 교실 内部(내부)를 안내했습니다.
内科(내과) 의사인 상희 어머니께서
가장 흐뭇해 하셨습니다.
작품전은 성공적으로 끝이 났습니다.

- 案内(안내):어떤 곳에 데려다 줌 ● 内部(내부):안쪽
- 内科(내과):몸 안의 병을 다스리는 분야

빈 칸에 알맞은 한자를 쓰세요.

안	내
案	内
案	

내	부
内	部
	部

내	과
内	科
	科

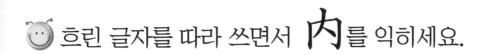

😊 흐린 글자를 따라 쓰면서 内를 익히세요.

内 는 내 라고 읽고, 안 이라는 뜻입니다.

内 는 먼 곳에서 성으로 들어오니

바로 성 안 이라는 의미를 나타내는 한자입니다.

内 의 획수는 총 4 획입니다.

😊 뜻과 음을 크게 읽으면서, 内를 쓰세요.

内	内	内	内	内
内	内	内	内	内

😊 内는 들 입(入)부수의 한자입니다.

$$冂 + 入 = 内$$

멀 경몸   들 입   안 내

먼 경계를 지나 성 안으로 들어갑니다.

😊 한자의 음을 쓰고, 맞는 것끼리 연결하세요.

内科 (　　) •　　• 몸 안의 병을 다스리는 분야

内部 (　　) •　　• 어떤 곳에 데려다 줌

案内 (　　) •　　• 안 쪽

😊 内가 나오는 한자를 찾아 ○표 하세요.

右往左往　　内部　　内科

😊 밖 외(外)에 대해 알아봅시다.

外
밖 외

외라고 읽습니다.
밖이라는 뜻입니다.

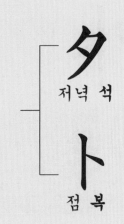

夕
저녁 석

卜
점 복

점은 보통 오전에 봅니다. 따라서 저녁에 점을
본다는 것은 상식 밖의 일입니다.

●빈 칸에 알맞은 글을 쓰세요.

外는 ☐ 라고 읽습니다.

☐ 이라는 뜻입니다.

B174b

😊 필순에 따라 外를 바르게 쓰세요.

총 5획

| 外 | 外 | 外 | 外 | 外 |
| 外 | 外 | 外 | 外 | 外 |

●뜻과 음을 소리내어 읽으면서 外를 쓰세요.

밖 외	밖 외	밖 외	밖 외	밖 외
外	外	外	外	外

●빈 칸에 알맞은 한자와 뜻, 음을 쓰세요.

外		
한자	뜻	음

	밖	외
한자	뜻	음

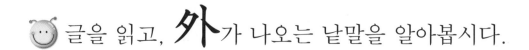 글을 읽고, **外**가 나오는 낱말을 알아봅시다.

우리 주위에는 外來(외래) 문화가 참 많습니다.
음식에는 햄버거나 피자 같은 것들이 있고,
옷에는 外套(외투)나 양복 같은 것들이 있습니다.
아파트 같은 주택도 외래에서 들어온 것들입니다.
우리는 이처럼 外國(외국)에서 들어온
문화의 홍수 속에서 살고 있습니다.

● 外來(외래):외국에서 들어옴 ● 外套(외투):양복 위에 걸쳐 입는 겨울 옷
● 外國(외국):다른 나라

빈 칸에 알맞은 한자를 쓰세요.

외	래	외	투	외	국
外	來	外	套	外	國
	來		套		國

😊 흐린 글자를 따라 쓰면서 **外**를 익히세요.

外는 외 라고 읽고, 밖 이라는 뜻입니다.

外는 저녁(夕)과 점치다(卜)의 뜻을 합한 글자로 점은

아침에 쳐야 하는데 저녁에 치는 것은 관례

밖의 일이라는 뜻을 나타낸 한자입니다.

外의 획수는 총 5 획입니다.

😊 뜻과 음을 크게 읽으면서, 外를 쓰세요.

外	外	外	外	外	外
	外	外	外	外	外

😊 **外**는 저녁 석(夕) 부수의 한자입니다.

夕 + 卜 = 外
저녁 석   점 복   밖 외

저녁에 점을 보는 것은 상식 밖의 일입니다.

😊 한자의 음을 쓰고, 맞는 것끼리 연결하세요.

外來 ( ) •   • 다른 나라

外套 ( ) •   • 외국에서 들어옴

外國 ( ) •   • 양복 위에 걸쳐 입는 겨울 옷

😊 外가 나오는 낱말을 찾아 ○표 하세요.

案内   外套   外國   内部

뜻과 음을 읽으면서, 이번 주에 배운 한자를 쓰세요.

왼 좌	왼 좌	왼 좌	왼 좌	왼 좌
左	左	左	左	左

오른 우	오른 우	오른 우	오른 우	오른 우
右	右	右	右	右

안 내	안 내	안 내	안 내	안 내
内	内	内	内	内

밖 외	밖 외	밖 외	밖 외	밖 외
外	外	外	外	外

😊 서로 맞는 것끼리 선을 이어 보세요.

😃 빈 칸에 공통으로 들어갈 한자를 찾아 연결하세요.

記	세로로 쓴 글씨	
	側	왼쪽

翼	오른쪽 날개	
	側	오른쪽

案	어떤 곳에 데려다 줌	
	部	안쪽

國	다른 나라	
	來	외국에서 들어옴

外

內

左

右

빈 칸에 알맞은 한자를 쓰세요.

좌	기
	記

우	측
	側

안	내
案	

외	래
	來

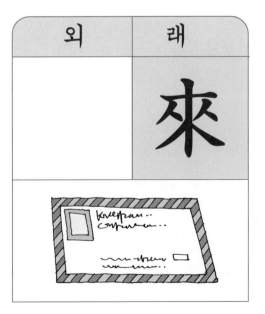

😊 동화를 읽고, 빈 칸에 알맞은 한자를 쓰세요.

집에 있는 부처님

어떤 절에 한 할머니가 찾아왔습니다.
할머니는 쌀을 잔뜩 가지고 부처님께 불공을
드리러 왔다고 했습니다.
"집안에 무슨 걱정이 있나요?"
스님이 묻자, 할머니가 대답했습니다.
"우리 아들 內外(내외;부부)가 속을 썩여서요.
특히 며느리가 말을 잘 듣지 않아서 부처님께
쌀을 바쳐 버릇을 고치러 왔답니다."
스님이 웃으면서 말했습니다.
"차라리 이 쌀을 집에 있는 부처님께 바치십시오."
"집에 부처님이 어디 계신단 말이에요?"
"左右之間(좌우지간) 이 쌀을 팔아서 그 돈을
며느리에게 주세요. 어머니가 며느리에게 사랑을 주면,
며느리가 어찌 효도하지 않겠어요? 바로 댁의 며느리가
집에 있는 부처랍니다."
가는 정이 있어야 오는 정도 있게 마련이랍니다.

안 내	밖 외	왼 좌	오른 우

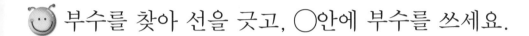
부수를 찾아 선을 긋고, ○안에 부수를 쓰세요.

| 左 | 左 | 왼 좌 |

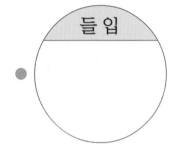
입 구

| 右 | 右 | 오른 우 |

들 입

| 內 | 內 | 안 내 |

저녁 석

| 外 | 外 | 밖 외 |

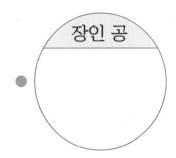
장인 공

😊 서로 알맞은 것끼리 선을 이으세요.

左　　右　　内　　外

•　　•　　•　　•

•　　•　　•　　•

왼　　안　　오른　　밖

•　　•　　•　　•

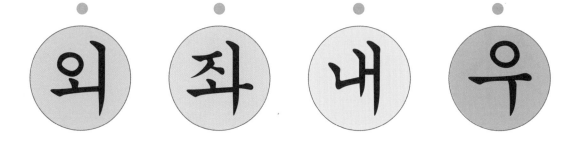

외　　좌　　내　　우

이 달에 배운 한자를 다시 한 번 써 보세요.

上 위 상			
中 가운데 중			
下 아래 하			
位 자리 위			
東 동녘 동			
西 서녘 서			
南 남녘 남			
北 북녘 북			

七 일곱 칠			
九 아홉 구			
百 일백 백			
千 일천 천			
左 왼 좌			
右 오른 우			
內 안 내			
外 밖 외			

☺ 아직 이 책을 안 읽으셨다구요?

이 外國 책에 대해 어떻게 생각하세요?

案內 책만 읽었는데,

아니? 이런 베스트셀러를 아직…,

교수란 사람이 책도 안 읽나?

왜? 이상한가?

뭐 이상하기보다…,

신곡

자네 이 책 읽어 봤나?

단테가 쓴 '신곡' 이군요, 아직…,

신곡

左右之間 부끄러운 줄 알게,

네에?

이 책이 나온지 벌써 6백년이 넘었는데 아직 안 읽었다니,

뜻과 음을 읽으면서 부수 한자를 써 보세요.

上	一부수 한자 위 상				
下	一부수 한자 아래 하				
中	ㅣ부수 한자 가운데 중				
位	亻부수 한자 자리 위				
東	木부수 한자 동녘 동				
西	襾부수 한자 서녘 서				
南	十부수 한자 남녘 남				
北	匕부수 한자 북녘 북				

뜻과 음, 한자를 바르게 쓰고, 부수 한자를 익히세요.

七	一부수 한자				
	일곱 칠				
九	乙부수 한자				
	아홉 구				
百	白부수 한자				
	일백 백				
千	十부수 한자				
	일천 천				
左	工부수 한자				
	왼 좌				
右	口부수 한자				
	오른 우				
內	入부수 한자				
	안 내				
外	夕부수 한자				
	밖 외				

上	뜻 음	上			
中	뜻 음	中			
下	뜻 음	下			
位	뜻 음	位			
東	뜻 음	東			
西	뜻 음	西			
南	뜻 음	南			
北	뜻 음	北			

七	뜻	七			
	음				
九	뜻	九			
	음				
百	뜻	百			
	음				
千	뜻	千			
	음				
左	뜻	左			
	음				
右	뜻	右			
	음				
內	뜻	內			
	음				
外	뜻	外			
	음				

鳥	뜻				
	음				
羽	뜻				
	음				
谷	뜻				
	음				
食	뜻				
	음				
角	뜻				
	음				
馬	뜻				
	음				
鹿	뜻				
	음				
音	뜻				
	음				

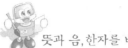
風	뜻				
	음				
里	뜻				
	음				
片	뜻				
	음				
鬼	뜻				
	음				
魚	뜻				
	음				
老	뜻				
	음				
邑	뜻				
	음				
革	뜻				
	음				

뜻과 음, 한자를 바르게 쓰고, 부수 한자를 익히세요.

犬	뜻				
	음				
禾	뜻				
	음				
草	뜻				
	음				
舟	뜻				
	음				
靑	뜻				
	음				
赤	뜻				
	음				
身	뜻				
	음				
骨	뜻				
	음				